giraffa

giraffe

canguro

känguru

insetto

fehler

scimmia

affe

polpo

tintenfisch

coniglio

hase

squalo

hai

tigre

tiger

yak

yak

zebra

zebra

alligatore

alligator

cane

hund

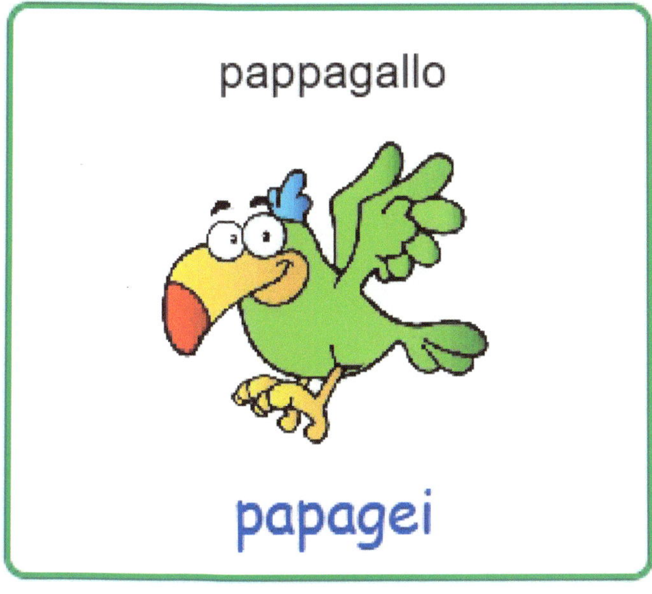

pappagallo

papagei

animali

tiere

pecora

schaf

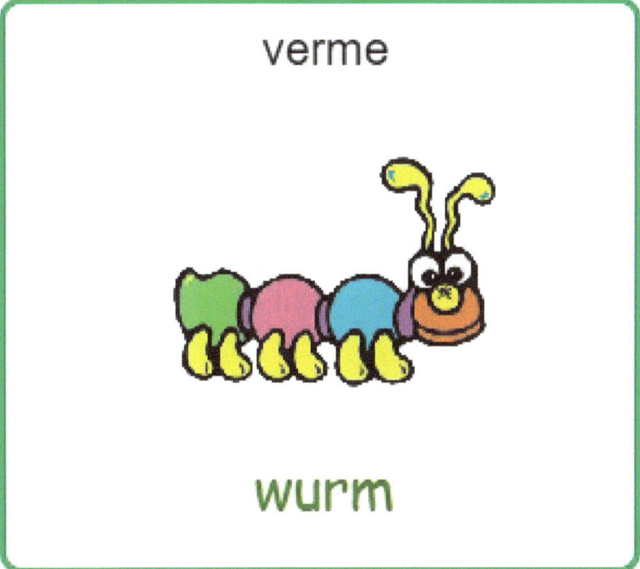

verme

wurm

formica

ameise

gatto

katze

cervo

hirsch

elefante

elefant

pesce

fisch

gallina

henne

iguana

leguan

leone

löwe

talpa

maulwurf

gufo

eule

maiale

schwein

gallo

hahn

lumaca

schnecke

tacchino

truthahn

balena

wal

ape

biene

anatra

ente

gorilla

gorilla

orso

bär

uccello

vogel

pollo	mucca

hähnchen	**kuh**
granchio	cavallo

krabbe	**pferd**
gattino	scoiattoli

kätzchen	**eichhörnchen**

farfalla

schmetterling

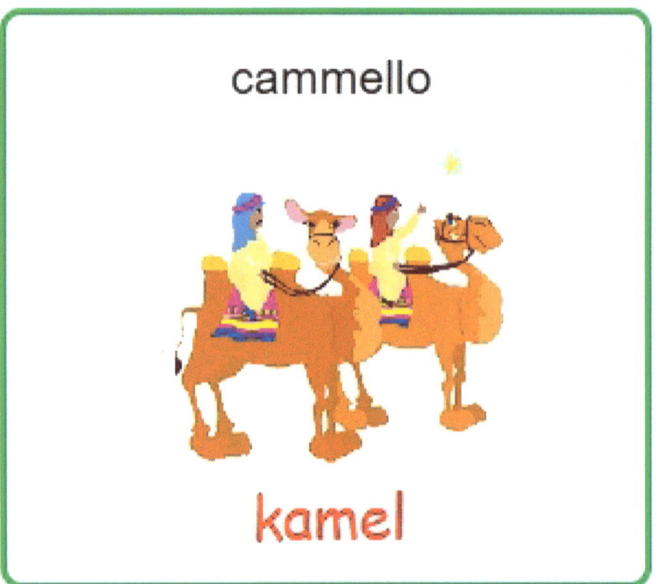

cammello

kamel

delfino

delphin

aquila

adler

pulcini

küken

volpe

fuchs

rana

frosch

capra

ziege

ippopotamo

nilpferd

panda

panda

cucciolo

hündchen

topi

mäuse

pinguino

pinguin

serpente

schlange

ragno

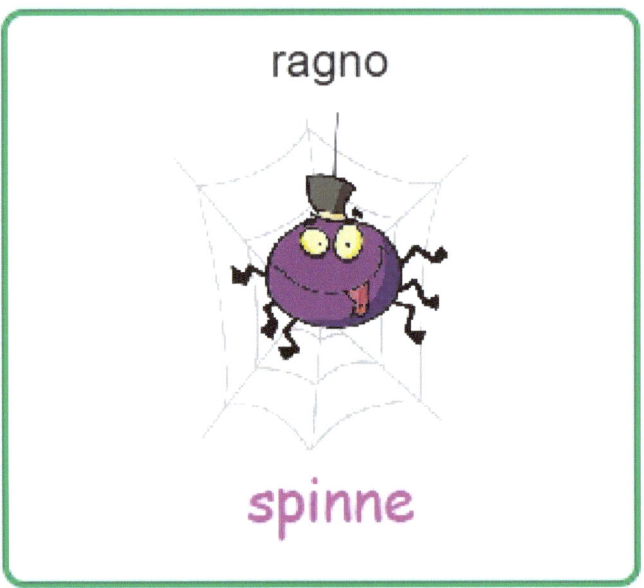

spinne

tartaruga

schildkröte

lupo

wolf

mosche

fliegt

insetto

insekt

koala

koala

quaglia

wachtel

ratto

ratte

puzzole

stinktiere

ghepardo

gepard

lucertola

eidechse

cavalla

stute

struzzo

strauß

ostrica

auster

pellicano

pelikan

piccione

taube

renna

rentier

cigno

schwan

rospo

kröte

avvoltoio

geier

tricheco

walross

mollusco

muschel

cinghiale

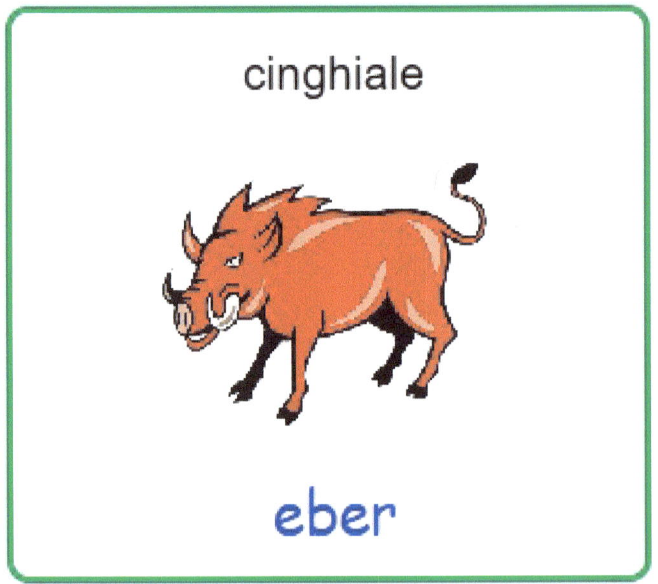

eber

ginocchio

knie

mano

hand

occhio

auge

capo

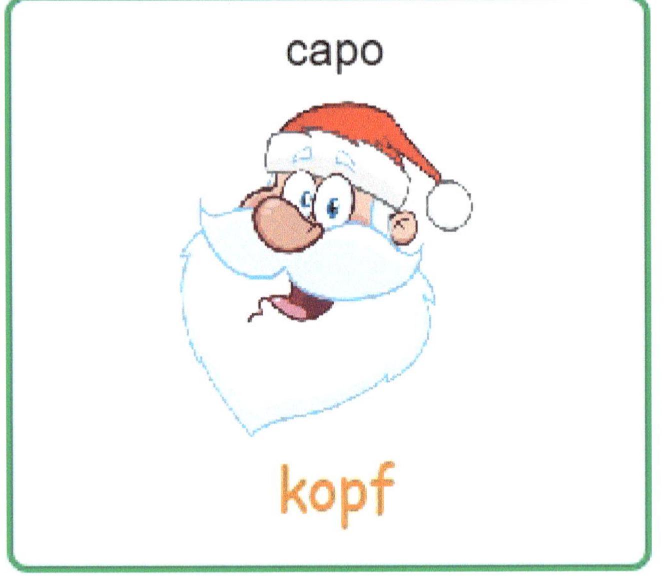

kopf

gambe

beine

capelli

haar

orecchie

ohren

dito

finger

naso

nase

dente

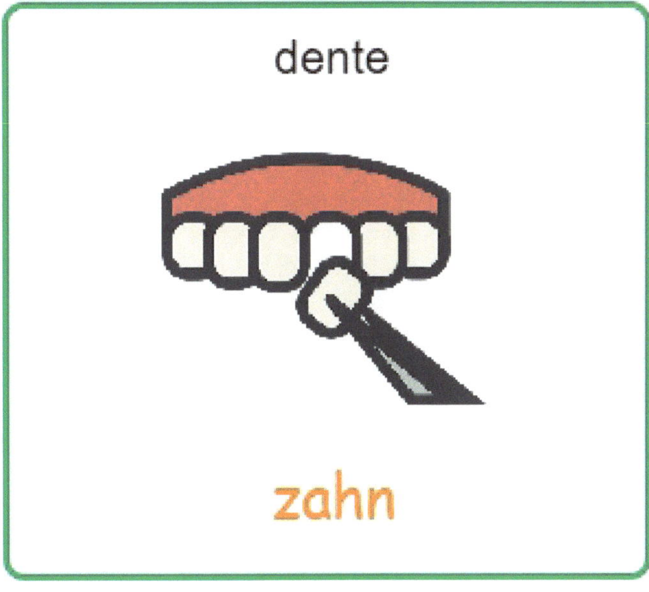

zahn

spalla

schulter

braccio

arm

barba

bart

mento

kinn

gomito

ellbogen

facce

gesichter

bocca

mund

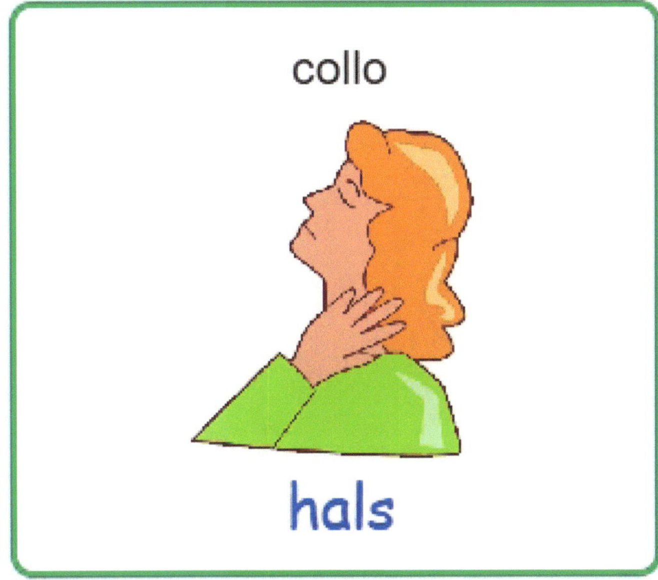

collo

hals

pollici

daumen

lingua

zunge

muscolo

muskel

anca

hüfte

corpo

karosserie

gelato

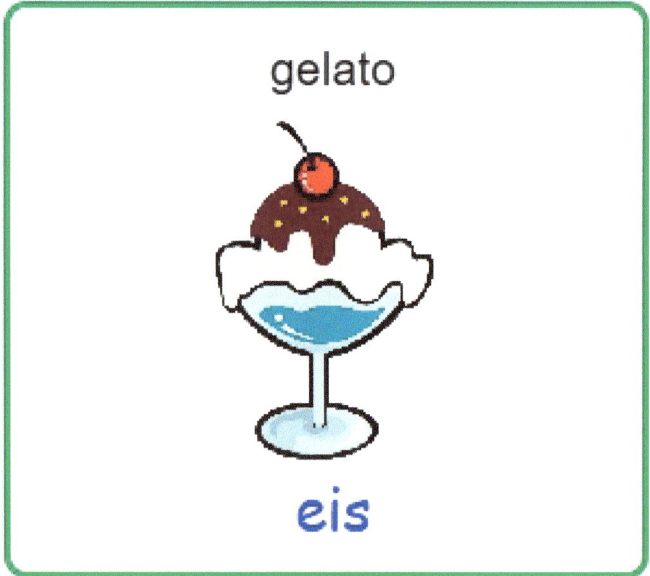

eis

marmellata

marmelade

anguria

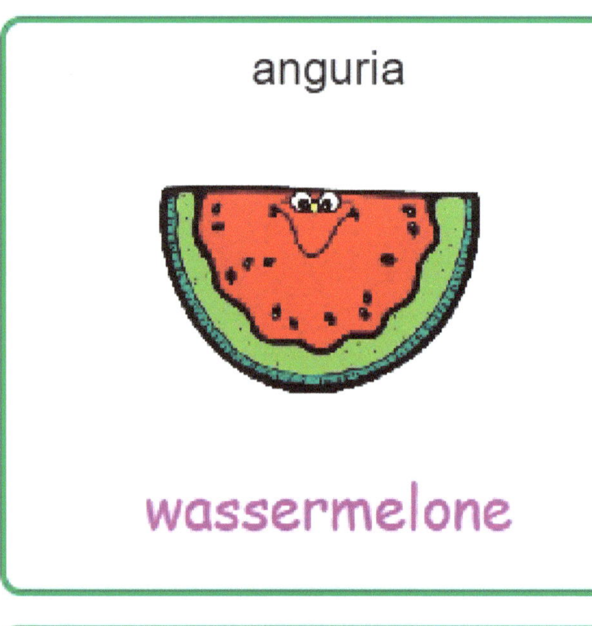

wassermelone

torta

kuchen

arancia

orange

yogurt

joghurt

limone

zitrone

latte

milch

pere

birnen

mela

apfel

pane

brot

cocco

kokosnuss

broccoli	piselli
	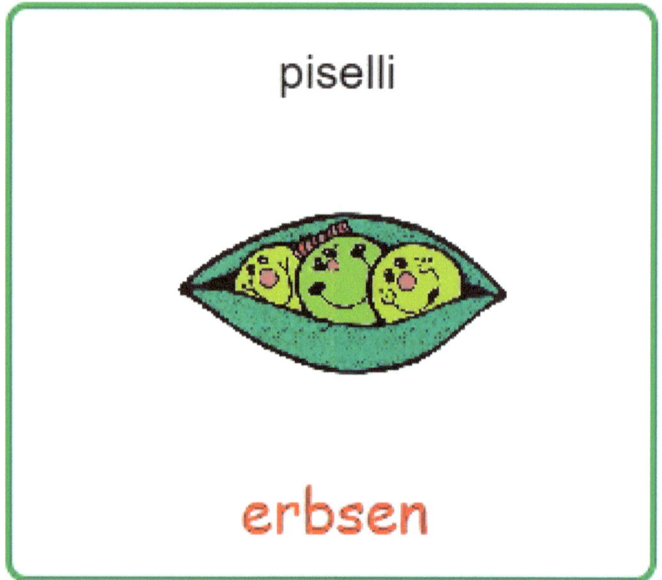
brokkoli	**erbsen**

insalata	chili

salat	**chili**

ciliegia	banana

kirsche	**banane**

fragola

erdbeere

ananas

ananas

fagiolo

bohne

caramella

süßigkeiten

prosciutto

schinken

succo

saft

kiwi

kiwi

carne

fleisch

noccioline

nüsse

cipolla

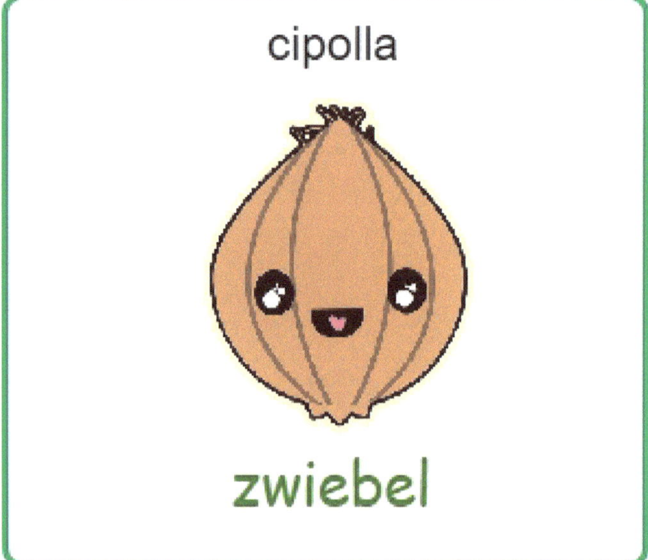

zwiebel

ketchup

ketchup

formaggio

käse

uva

traube

carota

karotte

budino

pudding

tagliatelle

nudeln

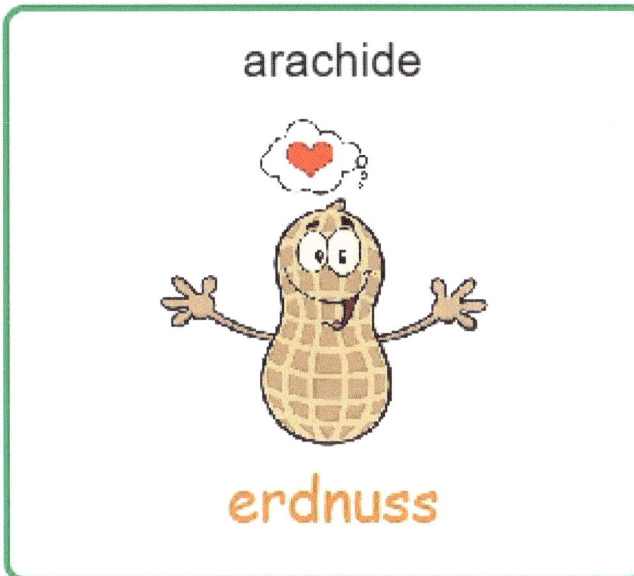

arachide

erdnuss

patata

kartoffel

bistecca
steak

ciambelle
donuts

verdure
gemüse

salsiccia
wurst

torte
kuchen

miele
honig

la minestra

suppe

avocado

avocado

cioccolato

schokolade

pizza

pizza

pomodoro

tomate

melanzane

auberginen

cetriolo

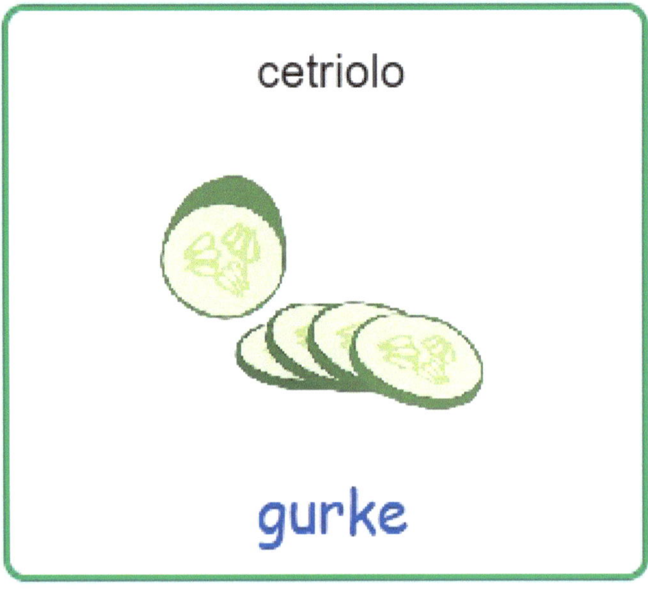

gurke

pompelmo

grapefruit

panini

sandwiches

pesca

pfirsich

uova

eier

prugna

pflaume

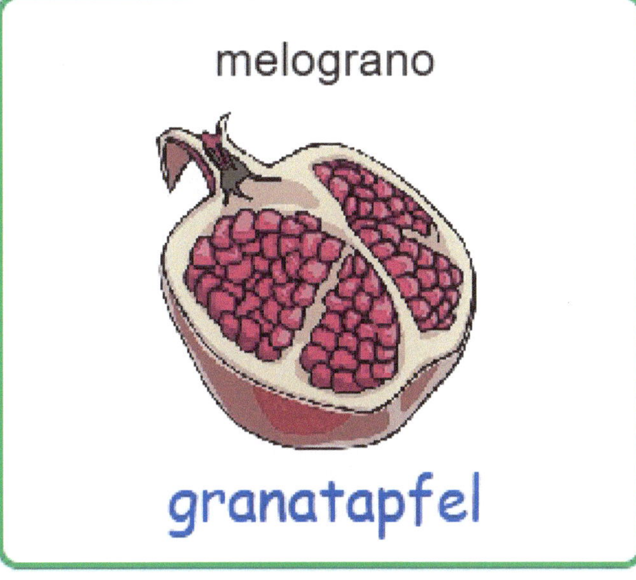

melograno

granatapfel

lampone

himbeere

mandarino

mandarine

grano

weizen

biscotto

plätzchen

fungo

pilz

rapa

rübe

ghiande

eicheln

mais

mais

bambino

baby

re

könig

bambini

kinder

regina

königin

ragazzo

junge

fratello

bruder

bambini

kinder

contadino

farmer

padre

vater

ragazza
mädchen

uomo
mann

madre
mutter

streghe
hexen

sorella
schwester

barbiere
barbier

amico

freund

medico

arzt

infermiera

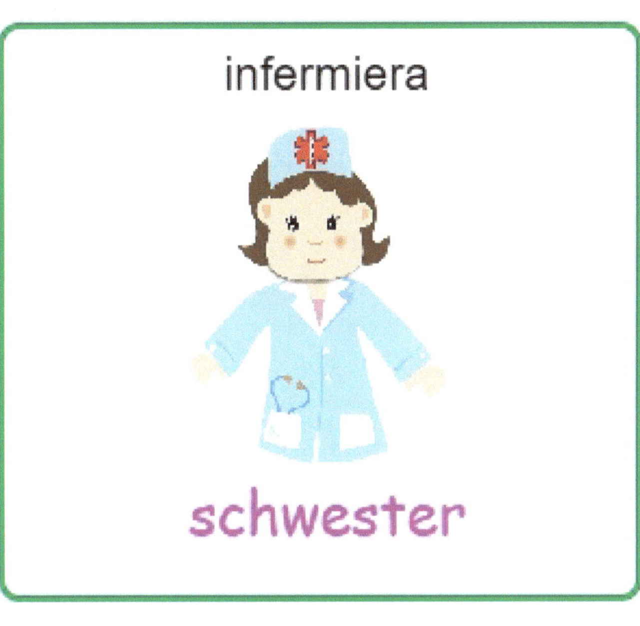

schwester

mago

zauberer

fotografo

fotograf

pirata

pirat

capocuoco

koch

angelo

engel

cavaliere

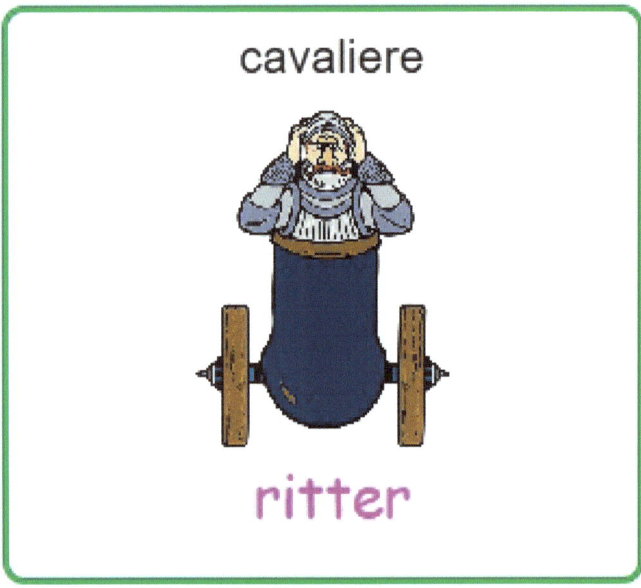

ritter

sirena

nixe

principessa

prinzessin

insegnante

lehrer

papà

papa

artista

künstler

musicista

musiker

macellaio

metzger

capi

führer

manager

manager

politico

politiker

lui

ihm

panettiere

bäcker

rapinare

rauben

falegname

zimmermann

poliziotto

polizist

camerieri

kellner

poliziotto

polizist

bambini

kleinkinder

mamma

mama

domestica

maid

aereo

flugzeug

auto

auto

scooter

roller

bicicletta

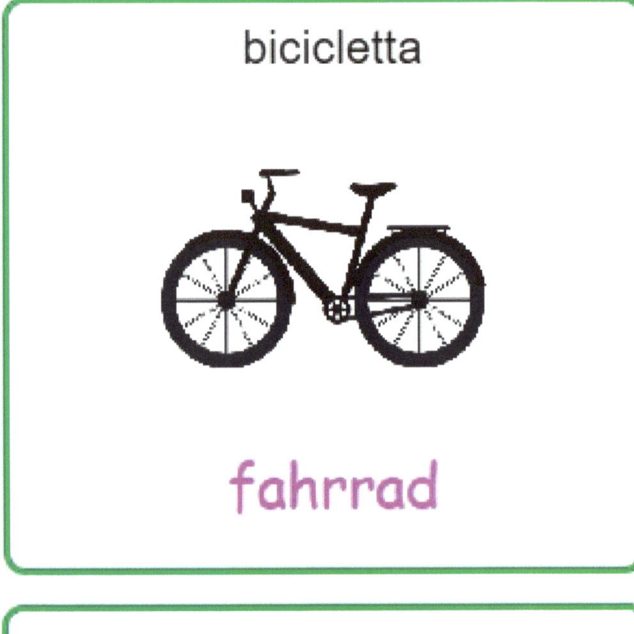

fahrrad

furgone

van

autobus

bus

bicicletta

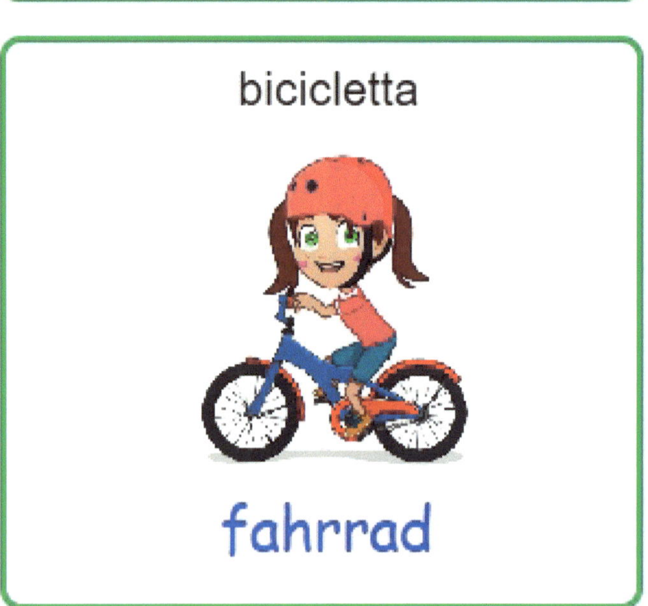

fahrrad

treni

züge

camion

lastwagen

jeep

jeeps

taxi

taxi

carro

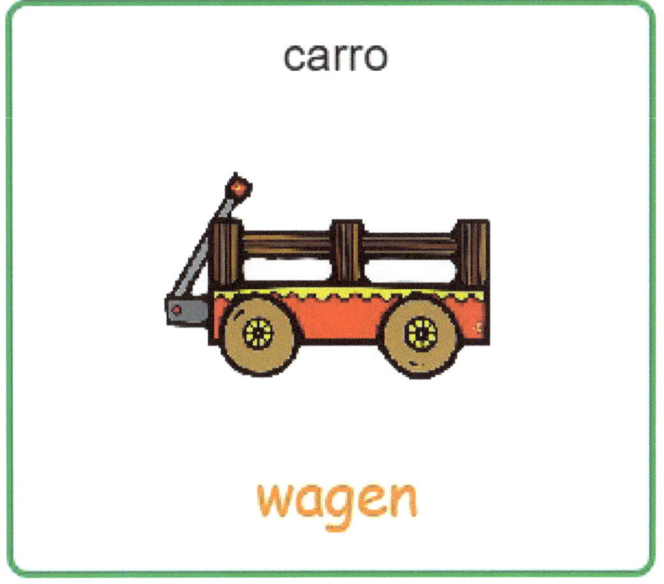

wagen

razzo

rakete

carriola

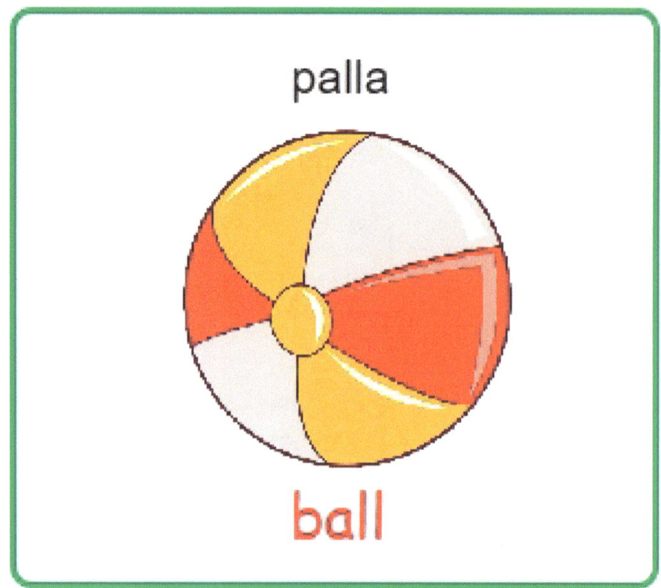

palla

bandiera

pan

vaso

salvietta

borsa

tasche

brocca

krug

zaino

rucksack

nido

nest

albero

baum

ombrello

regenschirm

vulcano

vulkan

ancora

anker

filato

garn

cerniera

reißverschluss

collari

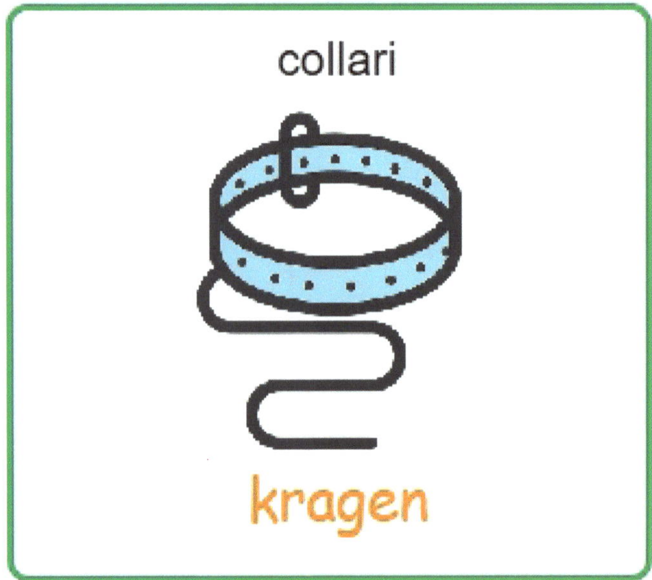

kragen

specchio

spiegel